Biblioteka

EVROPSKE KNJIŽEVNOSTI

Knjiga br. 6

Prevodilac:
Smajl Smaka

Jeton Keljmendi

DIVLJA ĆUTANJA

Alma • Beograd
2018

PREDGOVOR

Već na prvi pogled može se uočiti da je ćutanje jedan od primarnih i najučestalijih motiva u poeziji Jetona Keljmendija, poznatog albanskog pesnika, rodom iz Peći, koji trenutno živi i radi u Belgiji, vrsnog intelektualca, univerzitetskog profesora i člana nekoliko Akademija nauka i umetnosti, prevodioca i dramatičara. Njegove knjige su prevedene na mnoge jezike širom sveta, a dobitnik je i brojnih međunarodnih priznanja za svoje bogato književno stvaralaštvo, što takođi govori o ugledu i renomeu koji uživa.

Ova knjiga predstavlja izbor iz njegove poezije, te na najbolji mogući način ilustruje sve stvaralačke metamorfoze, genezu i razvoj, kojim se kretala njegova pesnička misao od početka do danas. Ćutanje je, dakle, osnovna semantička odrednica Keljmendijeve poezije, u kojoj, takođe, nalazimo i druge univerzalne teme, kao što su: zavičaj, ljubav, uspomene, nostalgija i dr. Lirskim i filozofičnim razmatranjem ćutanja pesnik zapravo iskazuje svoj odnos i stav prema životu i vremenu, prema svetu i uopšte prema svemu što ga okružuje i što se nalazi u središtu njegovog stvaralačkog interesovanja (*Drama, Dolaze divlja ćutanja*).

Ovo je do sada najpotpunije i najreprezentativnije poetsko izdanje Jetona Keljmendija na srpskom jeziku, karakteristično po određenim izražajnim, stilskim i tipološkim odlikama, a to su, pre svega, sledeće:

- narativni način kazivanja,
- odsustvo rime,
- izražavanje u prvom licu jednine i množine,
- auto/biografski detalji,
- raznovrsna tematika,

5

- stvaralački preobražaji,
- umetnička/ artistička nadogradnja,
- etičko i životno sazrevanje.

Upravo na ovim osnovama i značenjima, realnim i figurativnim, zapažamo kako se na primerima njegove poezije stapa individualno (psihološko) sa univerzalnim (kolektivnim), pri čemu je lirski subjekt onaj semantički stožer koji otkriva životnu priču, a može se reći i dramu. Već na prvi pogled se vidi da je ovu poeziju stvarala osoba koja je strastveni zaljubljenik u poeziju i koja je prošla mnogo toga lepog i ružnog u životu. Zbog toga pesnik piše o svemu i svačemu što zaokuplja njegovu pažnju, pa pojedine pesme imaju snažna obeležja angažovanog, duhovnog, patriotskog, humanističkog i etičkog.

O čemu god da peva pesnik to čini neposredno i vrlo nadahnuto, sa učestalim obraćanjem u prvom licu jednine ili množine. Na taj način se lirski subjekt identifikuje sa kolektivom, progovarajući u ime većine, a u sadejstvu sa vremenom (prošlim, sadašnjim i budućim). Vreme je, takođe, drugi opsesisvni motiv ovog pesnika, jer njegova filozofična i gnoseološka razmatranja i te kako ide naruku pesnicima, umetnicima i drugim stvaraocima raznih profila. Naime, pitanje i problem vremena su večita inspiracija od pamtiveka do naših dana. Otuda pesnik pokušava da iznađe novi ugao posmatranja i doživljavanja ove problematike, koju smatra ne samo zagonetnom koliko nedokučivom i nesaznajnom.

U neprestanom traganju za vremenom, kao određenim smislom postojanja i življenja, pesnik iznalazi određena rešenja i misaona pregnuća, koja se, ipak, nalaze u pesmama i čija se suština zasniva na veri, vedrini i optimizmu.

Nedoumice i retorička pitanja koja on često postavlja, naročito na početku knjige, svakako nisu bez odgovora, već se njihovo osnovno značenje naslućuje u bogatoj metaforici i osobenom izrazu, koji Keljmendija otkrivaju kao pesnika specifične vokacije i refleksije, dovoljno samosvojnog i intrigantnog za čitanje i adekvatno kritičko promišljanje.

Keljmendi je pesnik modernog senzibiliteta, sa eliptičnim i jezgrovitim izrazom, koji na momente podseća na kratkoću haiku stiha, ali ipak poseduje svoju duboku slojevitost, pouku, slikovitost i melodičnost. Stihovi se nižu jedan za drugim, sasvim prirodno i spontano, a pesme se mogu čitati kao svojevrsna poema, odnosno kantilena koja ima mnogo toga zajedničkog skoro za sve pesme. Sa ovom poezijom nije teško uspostaviti komunikaciju, budući da nije hermetična i nepristupačna. Pesnik čini sve za svoju percepciju i odnos prema čitaocima, a pojedine pesme poseduju naznačeno vreme i mesto svog nastanka, što na neki način ukazuje na autorov intimistički i lirski dnevnik sa brojnih putovanja po svetu (Belgija, Francuska, Nemačka, Engleska, Rumunija, Austrija, Albanija).

Pesnik i te kako veruje u moć poezije i njena katarzična svojstva, pa otuda pokušaji da se smisao života izjednači ili bar poistoveti sa poezijom, koja nije usputan i uzgredan stvaralački čin, već poseban smisao postojanja i nešto mnogo više od toga. Ovim kompleksnim izdanjem Jeton Keljmendi je znalački skicirao, odnosno zaokružio svoju poetiku i etičko-estetički pogled na svet, učvršćujući dominantne oznake svog lirskog pevanja i mišljenja. Drugim rečima, poetski govor je redukovan i sažet, ali bremenit idejama i mislima, slikama i porukama, koje su neka vrsta kreativne rekapitulacije i geneza razvojnog puta u širokom vremenskom razmaku.

Može se zaključiti da je Keljmendi pesnik izrazite subjektivnosti, čiji su stihovi snažno obeleženi naglašenim ličnim tonom, kao svojevrsnim svedočanstvom o vlastitom suočavanju sa životnim izazovima i ovovremenim (ne)prilikama. Forma obraćanja drugom je svakako dvosmislena, jer ona zapravo podrazumeva i obraćanje vlastitom ja, što pesniku omogućava da ispolji lirsku samoispovest i raznovrsne evokacije od detinjstva pa do današnjih dana (*Pod senkom uspomene, Kod dugih plandišta*).

Napisane u slobodnom stihu i razbijenom ritmu, ove pesme odslikavaju jedinstven misaoni i simbolički sistem sa vrlo prisutnim asocijativno-metaforičkim kontekstom. Svoja meditirajuća stanja i raspoloženja duha pesnik iskazuje na jezgrovit i neposredan način, ostavljajući pri tom dovoljno prostora za intelektualnu nadogradnju i naknadna promišljanja.

Glavna odlika i poetičko-stilska osobenost ove knjige jeste retrospektivan i introspektivan odnos, kao svedočanstvo o jednom življenju i stvaranju u ovim košmarnim vremenima, o tragovima ljudske ugroženosti, te o raskidu sa mnogim iluzijama i nepoznanicama. Subjektivistički određene preokupacije predočavaju nam svakovrsna psihofizička raspoloženja lirskog subjekta, koji nastoji da vaspostavi dublja, humanija i osmišljenija značenja u svom okruženju (*Reč prelazi u ćutnju*).

Životna i unutrašnja dramatika, kao i egzistencijalna strepnja, dati su kao određene slike i detalji iz svakodnevnog života, koje su uzdignute do opštih poruka i etičkih spoznaja. Lirska retorika Jetona Keljmendija poseduje bogatu i raznovrsnu skalu melanholičnih i emotivnih iskaza, u kojoj prepoznajemo ustaljeni i odveć inaugurisani pesnički obrazac, odnosno stvaralački postupak i način obraćanja. Sa druge strane, pesnik nenametljivo ali suvereno zalazi u predele etike, istorije, religije, politike, umetnosti, a sve to u detaljima i skicama, ne zapostavljajući pri tom ono što je suštinsko, a to su, pre svega, njegove intimne ispovesti i sažeto kazivanje o vlastitom životu.

Keljmendi je osoben i autentičan pesnik, sa jasno profilisanim izražajnim kapacitetom, dobrim delom zasnovanim na lirskoj tananosti i suptilnosti. Pesnikova kreativna i složena jednostavnost pokazuju da se radi o emotivnim i psihološkim treptajima sa mestimičnim uticajima ekspresionizma i neosimbolizma. U toj neobičnoj izražajnoj projekciji nalaze se svojevrsna jezička rudarenja, uspele igre rečima i razni kalamburi, koji svedoče o jedinstvenom naporu da se dosegne ono nesaznatljivo i fenomenološki neuhvatljivo (*Trenutak, Kadenca*).

Francuski pesnik Rene Šar je govorio da „poezija ne zahteva da bude razumljena, no da bude vodič čula, da učini suštinu živom". Čini se da Keljmendi ovu poetičku maksimu ima i te kako u vidu i da se nje znalački pridržava. Ovom knjigom autor je napravio krupan iskorak na literarnoj sceni ne samo kod nas već i u svetu, pokazujući samim tim autentičnost i vrednost svog modernog lirskog stvaralaštva.

M. Đuričković

MALO KASNIJE

Izaći će mi reč
Iz kamena
Zbog tebe izaći ću i ja
Čekaću dugo
Sve odlaske
Sve dolaske
Tada ću krenuti

HLEB

Uzmi malo tvog neba
Večerašnje noći
Ostala nam je nepokrivena koža

Nije potrebno da gledam
Ostale krajeve
Bez tvog i mog neba

Da nam bude iznad
Odmaraj se draga
Nebo od vetra ja ću izvući

Pretvoriću reč u pticu
Cvrkut iz sna probudiću

(Tirana, 4. 4. 2005)

LEPOTA

Kome kao devojci
Stoji lepo lepota
U njenim očima samo
Izvire ljubav slobode

Kakva lepota devojke
Koja lepota stiha
Blago lepoti za njih

KAMENA KULA ĆUTANjA

Tu započinje zalazeća ćutnja
Kao u pola subotnje noći

Nedelja i data reč
Čekaju da se sa nama vide
Neko je pao u zaborav

Ni lirika pesme
Ni glas gusala
Ne čuju se u kamenoj kuli

Vreme jeste kao
U najvećoj zimi
Tu počinje i zalazeće doba
Ovo su naši dani

Tok vremena ljubavne lirike
Božji je dar

Ne menja se stih
Jer reč ima krv

KAKO SE IDE DO SAMOG SEBE

Kako se ide do samog sebe
Prelazim zemlje
Polja i šume i mora

Sve što svet ima
Putnik u pratnji dana i noći
Prijateljice
Šetam minute u mom životu
Sve dok tebe ne sretnem
Hej
Šta radiš tu
Uvek kad šetam unutar
Samog sebe
Tebe sretnem
Kod svakog raskršća
Po jedan znak tvoj
Po jedno zeleno svetlo
Moje
Na nebu mi svetle oči tvoje
Koliko dugo
Putovanje moje
Po novim putevima
Kojima jedino ja gazim
Prelazim ih na brzinu
Uputivši se prema tvojim znakovima
Hej
Ti čudesan čovek
Koliko je sati
Koji je danas datum
Da li znaš koji je mesec
Godina
Jeste srećna godina

Kada sam prelazio liniju
Egnatija
Dve dame sedeći na travi
Čekale su me
Jedna mi se prikazala kao sunce
Druga kao mesec
Kada stigoh blizu njih
Ti ponovo beše
Prva dama
Druga
Ljubav
Kormilar unutrašnjosti
Ćaskali smo naširoko
O stvarima
I o ništavilima
Koliko smo ispraznili
Izvore reči
Toliko da rekoh sebi
Ovo je sigurno
Jedan magičan svet
I počeh da se vraćam ponovo
Kod samog sebe

Po tim znakovima usmerajući se
Negde na sredini puta
Povratka
Mimoilazi me gorska vila
Prestrašen dok smo se približili
Jedno drugome
Molio sam
Nemoj me raniti
Putnik sam
I vraćam se sebi

Tiho je progovorila
I blagoslovila od zemlje
Do neba
I učini mi se poznatim glas
Hej čudo
Kao poznat glas čini mi se
Zar i ovde mi se prikazuješ
Kasno je
Sada nastavljam put
Možda sutra dođem

Koji bi čovek
Mogao putovati tako daleko
Pitam pesnika koji beše
Dok ga gledah
Onoga što sam video
I pri samom svanuću
Stigao sam
Kod kapije duše
Dva zraka čekaše me
Hej čoveče
Ponovno smo se sastali
Ti i ja i moja princeza
Sada moram priznati
Da si ti u meni
Jesi lično Ja
Celo ovo putovanje
Da bi se stiglo do samog sebe

(Pariz, 28. mart)

ŽIVOT UDALjEN OD SAMOG SEBE

Sada stigla je do sopstva i živi sa anđelima
Majci Terezi

Koliko je godina prošlo
Od jednog velikog odlaska
Dalje od sebe živeše jedna divna Albanka
Sa dve duše
Jednom za Boga drugom za čovečanstvo

Beše malo Gondža, malo Kalkuta
Više Albanka i više svetlost
Čovečanstvu
Molila se i sama
Postajući molitva

Ilirka
Naša Majka Tereza
1978. u smiraj spustiše je nad imenom
Te godine majko dolazih na ovaj svet
Sada
Kada mi treba ponos
Odlazim u Kruju kod Kastriota
I dozivam Đerđa
Kada mi treba jedna zvezda
Svemira

Odlazim na Sunčev breg
Dozivam Rugovo
Majka naša Tereza
Sa tvojom molbom legao sam
I ustao
Dardan

Anđeli koji žive na nebesima
Smestiše se se i čekaše
Tvoj veliki odlazak
Koliko je godina prošlo
I domovina se priprema
Za jedan drugi dan
Albanko
Nastavi da se moliš za čovečanstvo
Tvojim sirotinjama
Za skupu zemlju
Koju nazivaju
Ilirija

Prošlo je toliko godina
Da si otišla
Ovuda dolaze neki drugi

"Znam jednu reč od kamena"
Naučih u Škrelju
I jednu Palatu snova imam negde
Rekao je Kadare
I sada
Blagoslovi mi tragove Prekaza
I Glođana
Te smo jave videli očima
Otac naš na nebu
Gleda nas sa simpatijom

Kaži još jednu reč
Albanski
Bog neka blagoslovi Arberiju
Upali jednu sveću
Ilirsku
Svako zna

Majko ti si svetlost sama

Odlazak nije priželjkivan
Ni za koga
Već kada se odlazi kao što si ti majko
Jeste divan odlazak

I Gospod znade o Albancima
Ali loše vreme zavlada nas nas
Ali što možemo uraditi crnoj sudbini
Susedi se nađoše se takvima

Iznad sebe si živela
I sada si stigla živeti u sebi
Večnost
Zajedno sa anđelima

Budućnost našu sutrašnju
Donesi nam danas

Moli se majko još jednom
Jer me je decebtar zastrašio
I ne znam što me oči vide.

Čini mi se da hladnoći Dardanije
Kasni proleće
Dardanija
Ne zaboravi još četiri dela
Podeljena
Majko ti si ime naše koji blista na nebu
I na zemlji

(Početak decembra 2007, Brisel)

JEDNOM ĆE KRENUTI DANI

Kako da ti kažem jednu reč
Moju blagu i gromku

O dobroti uvek
Treba govoriti lepo
Što treba našem naraštaju
Stavovi od koji nemamo ništa

Pod vlasom kose nad obrvom
Javlja se jedna ljubav
U mirnoći sene plenduješ
Pogodio sam u samu žižu mišljenja

Jednom će krenuti dani
Iz početka

Lepota lepoti
Kome kao devojci
Tako lepo stoji epota

U njenim očima
Ilirska ljubav izvire

Kakva lepota djevojke
Kakva lepota stiha

Blago ovoj lepoti

JAVLjA MI SE TVOJE LICE

Večeras se jesen može nasititi noću
Mesec se spustio na prozoru
Najlepše stihove
Pisaću o tebi
Crnpurasta prijateljice

Možda te uhvatio san
Pre nego što je deset i deset
Ja nađem mane stihu
Reč ima dovoljno noći
A sat je
Prevalio ponoć
Nebo se spustilo na stihove
I sjaj zvezda
Pojavljuje mi se lice tvoje
Zlatooka
Kao u stara vremena
"Iz onog brega te spazih"

(Tirana, novembar 2004)

SANjAM NjENO SPAVANjE U MENI

Koliko želiš da
Bežiš iz moje zime kao
Antisaga koje ne poznaje proleće.

Kod tebe povećava se radoznalost
Čekanje zastrašuje noć
Spavanje učini čudo
Sanjam
O njenom spavanju u meni

Slobodno
Kažimo da je otišla
Da zaćuti sa strepnjom
Bez najmanjeg
Uznemirenja
Vode hej vode njene žeđi

Događanja spustiše se danas na zemlju
Dolaze iako se ne očekuju
Iznenada
Dovedoše je očima isped mene

TVOJE DALEKE ZORE

Ne ostavljaju mi neki utisak
Nikada
Pisma samoće
Tvoje zore daleke
Da stigneš do mene
Zahvatilo te lepo vreme
Već sedam dana
Jedne noći
Zajedno
Da bismo proveli
Bez ćutnje

OČI NOĆU SJAJE

Večeras
Ne dohvati te moja ruka
Ni oči ne stižu
Ni blizu tvog grada
Kraljico
Imaš nešto u meni
Ili me zahvatilo loše vreme
Oči noći sevaju
Nebo osvetljava misli
Iznad tebe
Nema dolazaka
U carstvu trudne noći
Ne sreću te sene pružene ruke
Današnje veče bez kraljice

ŠTA TRAŽIŠ OD JAVE

Beše čudno putovanje
Sve odnese sa sobom
Odlaske i dolaske
Dočeke i nedočeke
A ti
Sanjala si liriku
O ljubavi
Svi pravci imaju samo jedan put
Ti koja nisi iskvarila volju sna
Šta tražiš od jave
Gde jučerašnjica postaje prekjučerašnjica
Sutrašnjica današnjica
Sve moje odnela si sa sobom
I rasturila si daleko od mene
Daleko od tebe
Uvek sam se bojao
Da ne bude previše kasno

(Brisel, 15. novembar 2007)

KOLIKO JE ĆUTLjIV POČETAK

Sa sobom ponesi sve njeno
Jer naučiće me putevi

Sve niti kao da vetar duva
Kao da ne dolazi

Korak za korakom
Kao da je na vrhu brega

Kod njene glave
Prelaze jeseni

Koliko je ćutljiv polazak
A odlazak zatvara kao samoća

Ko zna da li je
Pre dolazak ili odlazak

VRAGOLAST DUH

Razmažen bio sam sinoć
Sanjao sam te
Najlepšu od svih noći
Dokle može gaziti ljudska noga

Koliko puta mrakovi polaze u snu
Hteo sam biti
Belina koja okružuje telo
Jesen vezuje obe noge
O lepa
Najlepša na zemljinoj kugli

Ne vrede pet para najrečitije reči
Razmažene
Što ne postaneš još razdražljivija
Što ne postaneš još vragolastija
Od duha
Dok duvaš prema mom nebu

NA DRUGOJ STRANI

Radosno čekah te juče
Kako bih te sreo
Negde na drugoj polovini
Jave
Na 27. spratu
Palate Noid
Hteo sam malo zaspati
S tobom
Tek kada je skoro sasvim prošla studen
Setio sam se da je dvadesetsedmog mogla
Doći najlepša sveta
Najveća od reči
Mogla je
Da kaže ne govoreći
Stotinu događaja
Mogli su se desiti
Ali eto
Vreme prošlo je samo
Na drugoj strani

(Priština, 27. 11. 2005)

UZMI MALO SVOG NEBA

Uzmi malo tvog neba
Današnjeg dana jer
Koža nam je ostade nepokrivena

Smatram da ne treba videti
Druga mesta
Bez tvog i mog neba
Da nam stoji iznad

Smiri se draga
Nebo imam da izvlačim
Iz mog duha strasti
Reč ću pretvoriti u pticu
Probuditi ću cvrkutanja iz sna

(Tirana, 4 april 2005)

AKO NOĆ ZATEKNE SNOVE

Noć nije ponedeljak
I mrak dotiče noćne pse
Proleće visi na jednoj niti trave
I leži uzduž i popreko
U njenim očima
Neviđenim od zlih očiju

Pozvala me da idem u drugi stih
Komitski
Ako noć zatekne sna
Kako da uđemo u beskrajnu igru
Kad nije ni utorak

KAKO DA TE ZOVEM

Kako da te krstim
Rečima ili srcem
Veliki čas
Dan se osvetlio sa tobom

Kako ta te krstim
Rečima ili imenom

Čas ovoga dana
Osvetli mi sedu kosu na glavi
Kako da te zovem

SUMNjA

Da postajem kosa bela
Da se spustim preko tvog vrata
Ili da sam zrak
Da me usisaš kao dah
Da misao budem

Da tvoju glavu osvojim
Kako to da ostvarim

LjUBIMO SE REČIMA

U osvit dana napala si me
Sa tobom izdržah nekako
U naručju mog doba uvek čekam
Ljubimo se rečima usta na usta
Gledamo se u oči
Cvete moj
Mirisu mog ukusa
Svetlost ispunjena dahom
Onako kao tvoja kovrdžava kosa
Kao tvoje usne
Kao mesec što svetli noću
Godišnje doba u pupoljku
Cveće moje
Proleće moje

O MOJOJ I NjENOJ ŽEĐI

Kao vrelo izvire mi ljubav
Teče bez nestanka
Neće da ostari

Neko zna više
O mojoj žeđi
O njenoj žeđi
Planina sa planinom
Gledaju se jedna u drugu

Ne znam zašto da ostarim

Šta činiti
Izvirati kao vrelo
A da ne ostarim

PONESI TRAGOVE SA SOBOM

Popreko sam išao kroz misao i otišao
Ne znajući kuda se izlazi
Ćutnja i san nikada ne pomažu
Čuvaj sećanja
Putovanja ponesi sa sobom
Kao misli
Ponesi sa sobom tragove kojima si
Došla i otišla
Ponesi onu noć od utorka

Dovedi je kod mene
Da joj sudimo
I onu razmaženu mesečevu svetlost
Koja nas je pobelela
Sve nosi pod kišobranom mojih očiju
Zamandali
Da im damo jedan znak bez imena
Ruševine mišlenja da nam postanu muzeji sećanja
Sve zatvori da ih ne zatekne zaborav

Zatvori sve
Osim mene osim tebe

O ONOM ŠTO NE REKOH JUČE

Da mi pokloniš
Zrak nove godišnjeg doba
Liriku ptice

I reč koju želeh da ti kažem
Molim te

Za ono što ti ne rekoh juče
Danas
Sutra nemoj zaboraviti

Uzela si malo planinskog vazduha
Da posipaš nad rečima

Da ih podsetiš na proleće
Godišnjim dobima
Da činiš da duvaju
Vetrovi

SEĆANjE U STIHOVIMA

Tamo kod velikog kamena
Nećeš me više naći
Njegova senka me zamenjuje
Tamo nad zelenom travom
Neću više sedeti
Ostalo je samo sećanje

Prijateljice koliko si jaka bila
Rekoše da ne mogu preći
Makar jednom ako te ne vidim
I prolazili su meseci
Godišnja doba
Godine
Prijateljice koliko jaka si bila

Mekani stih surovi
Reč nema više krvi
Ne kaže se više
Sve ono što smo imali zajedno
Jedan stih
Iznad vremena što je pobegao

(Ulpijana, 25. 7. 2004)

NAUČIO SI ME LEPOTI REČI

(Azemu Škreljiju)

Uvenuo mislim o prošlosti
Koja me sada boli

Škreljovski kazao si mi u stihovima
Sudbinu našu od davnina

Lepotu reči stiha
Naučio si mi
Koliko sam uzan imao pogled
Koju si mi snagu dao

Vidim te iako te ne susrećem
Po vodopadima stihova

REČ IZNIKLA NA ZEMLjI JEZIKA

Govorio sam u sebi
Prekinute niti predanja
Dobro je
Da ih držim u ruci

Pronicljiva
Koja uvek stoji sama
Odmara se ponekad pored ognja

Nikada nisa bila kao danas
Jedan tren
Jedna reč
Iznikla na zemlju jezika
I rasla do neba
Spustila korenje do crnog korena
Današnjica brine o sutrašnjici
Iza
Druge vode i zemljišta
Jedan pesnički stih
Zajedno sa svojim sevanjem
Pozdrav studeni
Videćemo se
Jednog dana među bregovima

(Brisel, 02. 7. 2007)

VATRA ZA SVAKU REČ

Rasteš svakog dana
Moje stablo čežnjivo
A ja tražim stihove
Po srcu
Noć puna ćutnje
Pijane oči
Vatra za svaku reč
Za svaki stih
Tražim
Lepotu svetla
Plandovanje leptira u zapari
Odmaranje i hir vremena u jesen
Bela zima na vodopadu vremena

Da se odmaram sa tobom i ljubavlju
Pod senom grana

NA POLjU REČI

Ispružili smo se
Na polju jedne reči
Ja i oči
Boje neba
Koji mi stalno stoje
Ispred vremena
Išli smo usred
Kiše i sunca
Imaćemo vremena
Za sebe
Devojku i stih
Reči
Zahvaljujem ti se
Za lepotu

UZMI REČ

Od reči
Uzmi
Šta ti dajem
Malo
Kasnije
Traži nešto
Drugo

Iako ti ne da
Budi spreman
Da uzmeš

Daj mnogo sada
Da bi uzeo kasnije

ANTIREČ

Znaj brigu jave
Kada nemaš šta reći
Nauči se ćutati
Lepo

Telu antireči
Nemoj verovati
Sada i sve do sudnjeg dana
Čuvaj se od samog sebe

Imam pravo pevati
Tvojim imenom
S jeseni kada te upoznah
Tvoje proleće sa mojim letima
Kao jug i sever
Rađaju se i zalaze
Zakonom sveta govorimo sutra

UMORILA SE REČ

Iako sam ti jesen video
U svetlima očiju
Videh ti na svetlu očiju
Hteo sam da te pitam
Za noć Prometeja
Za malo puta koji te vodi
Gde počinje da se ukorenjuje pogled
Umorila mi se reč
Nisam ti rekao
Da sam pesnik jeseni
Ni da sam prespavao u stihovima
Hteo sam da te merim sa Mesecom
Prijateljice
Dozivaću te za jedno putovanje
Da prelazim linije Egnatija
Imamo razmere sutrašnjice
Jedno po jedno

(Bierž, leto 2006)

DOLAZE DIVLjA ĆUTANjA

Prelazio je veliku reku
A ja stojim kao noć na grani
Beo da mu postane kraj sna
Ćutnje dolaze divlje
Dvanaest snova za jedno oko maleno
Crnooka
U sobi
Gde svetlo beli
Tajno
Zvoni telefon
Preko reči
Ja polubudan
Govorim
Preko reči
Tu ostaje tanak odjek
Uspomena
Sa koliko bliskim jezikom
Govore daljine

VREME NEMA VREMENA

Ti devojko znaš legendu
Koliko krstova ima noć faraona

Kod kamena preveze i kog crvene jabuke
Odmaraju se teška vremena

Putovanje za drugu studen
Sve dolazi s tobom
Rastem za dva pedlja Zemlje
Svaki dan jašemo godišnja doba

Kad god sam želeo da te volim
A vreme nema vremena

Dugi putevi i noći bez mesečine
Prolazili su u ćutnji godišnjih doba
Pesma tvoja mi se pretvara
Kao studen kasnih jeseni
Ovo nije vreme
Jeste vrelo leto

(Dukaiva, jun 2004)

ZAZIDANI SAN

Sada više ne verujem
Ni rečima
Koje izgovaraš punim srcem

Vrati mi nerečeno
Da ga pokrijem cvećem

Kameni jezik
Jeste ono što ne govorimo

Možda smemo
Ugasiti sveće

Zazidane snove
U bolu čekanja
Na Zapadu nema lepog pejsaža

GDE DA STAVIMO ZABRANU VREMENU

Svak dolazi sa po jednim svećom u ruci
I ćuti pod senom gde je polomio zube
Strpljenje
Svetlo
Žuri da sustigne vetrove na vrhu planine
Različite su misli o tome
Kako vreme stiže krišom i odvlači mi namere
Ćelavo ostade mi čelo
Probudili se zrikavci
Osušila se vrela i reke

Moje misli nesretne
Teško da će nam doći dan
Borama povesti po
Našim sitnim koracima

Gde da stavimo zabranu vremenu
Kao da će se menjati vremena
A dan da počiva u idili

MOJA SNAGA

Odvedoše me mimo snage
Moje
Strpljenje kod vrha što susreće
Sunce
Držaše mi
Duh vadi ćutnju
Što smanjuju oluju zori
Šta da sebi uradimo
Da ne čekamo a da nam dolazi
Iza nas

Polazi jedan dolazak
Potom mu postaje kasno i rađa
Napokon sam samcat
Tačku stavlja na reč
I čeka
Ne zna kada ima vremena

Na tom hramu stavljam dva kamena
Zajedno
Jedan za sebe a drugi za nju
I nastavlja se čekanje
Kao da malo znamo igru
Rastali bismo
Zajedno sa poverenjem

(Auderghem, 22. 02. 2007)

KORENI NA SRCU

Preko granice
Kod groba nepoznatog junaka
Činilo mi se kao da me neko zove

Ne sećam se ničega drugog
Samo pesma i marš čuvara
Domovine
Utopljene u ledenoj zimi

Iz dubini čuo sam glas
Domovino
Katgod smo te voleli
Umirali smo pomalo
Korene imaš na sedmoj lestvici
Srca
Na sedmom prevoju bola

Pokloni mi malo lepog vremena
Domovino
Tek toliko da bih prevario san
Brđanske pesme izgubili smo na putu

KRUJA

Šesto godina nakon rođenja
Đerđa Kastriotija
Tamo
Video sam kako kamen zna sijati
Da se oplemeni oko
Što opaža
Gde je rođen onaj čovek muškarac nad muškarcima
I da ti srce prerasta u planinu
Tamo
Hteo sam jahati konja
Da ga teram
Gore i dole
I da pijem snežnu vodu kod careve česme
A vreme ukloni
Boju jeseni
Kao krujanske reči jednog starca

Mislio sam
Gde da se radujem najviše
Da mi suze radosnice
Da vidim kako pada sena
Tvrđavi tamo
Video sam kako raste
Postaje zreo muškarac
Reč
Kako se voli
Domovina

PRETVORI SE KAMEN U REČ

(Besniku Lajčiju)

Stavio je ruku
Na zatrudnelu glavu sa mislima
Brđanski pevao sa Oso Kukom
Doziva ga klanac Hajle
I uzdrmani april
Napušten od graničnog kamena

Zamislio se Besnik planine
Besa pretvori se u kamen od reči
Odmorio se i krenuo drugim svetom
Potom upija rugovski vazduh
Svetlo od sunca i reč
Naslonio glavu na crvenom kršu
Ispružio se samo da se odmara

KOD DUGIH PLANDIŠTA

Kod plandišta
Kada planina ima senu
Dodaću vilinu kosu

Tu se oseća miris lišća
Četinara
Leti od puta

Možda je ostala neka vlas kose
Nalepljena na borovoj smoli
I pogažena trava
Od uzaludnosti devojaka

Hoću da vidim starca
Koji nas je učio bajkama
U detinjstvu
Kod plandišta
Dalje od kamena Nik Duke
Možda se tu odmara

Kazaće mi da sam odrastao
Da sam postao pravi muškarac
Ali tvoj glas
Čežnju mi ne gasi

Kod groba Ramčia rušene su
Sve pletene ograde
Samo je kravlja rečica ostala rečica
Trava sustiže travu i truli se
Na strani klekovine kažu
Odavno se nije čula kukavica da peva
Možda je ožalošćena

Čobanin ne svira više na fruli
Postale su gluve
Gusle oca Hysa
A kula je sravnjena sa zemljom
I kamenje škole gde smo učili
Zatravljeni su
I šapuću
Od bola humke

ILIRSKA

Ničim se ne meri
Težina tvog tela
Jačina zraka
Usporavanje brzina
Ne vidi se svetla strana
Kao
Da nema mernih jedinica
Ili traka prevazilazi sve

Za dušu reči
Jesi
Jedan gram zaborava
Preko uha i oka

Hiljadu i sto godina
Zasvetljena misao
Jesi
I nikada
Izmeriti niko nije mogao

Domovina moja
Božja koja mi je dala ime
Albanac

(Auderghem, februar 2007)

ZA HRABROST

Jednog dana
Doći će moj dan

Ako je istina da
Svako ima po jedan dan

I ja ću znati kako da ga dočekam

Zemlja će imati hleba
I vrelo vode
Tek da popuni praznine

No šta da radimo s tobom
Nepoverenje u sutrašnjicu

U teškom je stanju taj dan

(Beč, leto 2006)

DAMSKA REČ

Govorio sam malo
Drugačije
Previše pobedonosno
Damo
No kažem
Nećete mi zameriti

Na kraju to su
Reči jednog poete
I vi znate da je dozvoljeno
Obučenim misli da se razgolite
Sasvim nage

I one nage misli ću
Obući kostimima radosti i volje

Ili
Ako je tebi bilo dovoljno
Da ti kažem volim te
Ono što svak svakome kaže
I muž svojoj ženi
Gospodična
Ja imam posve drugo mišljenje

Kao
Da misao nema vrednost bez reči
Ili reč
Što kaže ne namučivši mozak
Ljudska duša
Ti si damska reč
A ja gospodsko mišljenje
Sasvim ovako video sam ih

Sebe s tobom i tebe sa mnom
Čak i ovu formulu ljubavi

Tuda
Ako je negde stalo iza
Modernizma

Stoga
Damska riječ lepa si
Otima se misali i
Daje ti lepotu

Gle
Treba se pomiriti
Dok nas ćutnja
Prati sa strepnjom
Šta se zbiva sa nama

Ali neka ostane
Damska reč
Hoću da vas sada poljubim
Samo jednom
Jer drugi i treći poljubac ne znam kako dolaze

Sloboda neka živi slobodno

I reč
I misao
Neka govore
Šta god žele
Hoću sada prvi poljubac

(Pariz, jul 2006)

POD SENKOM USPOMENE

Rekoh ti nešto zaboravljeno
Ono čega se ne sećaš ni sutra

Zaborav postaje sve stariji
Tada kada putuje ćutnja

Kod suvog stabla od sunca
Čekam te
U redu sa stihom

Obešen na rubu čežnje
Tu čeka samo ljubljena
Tu čeka se samo ljubavnica
I ja sedoh da se odmaram

Nestala mi jesen ili palo je svetlo
Pokušao sam

Samo da ti nešto kažem

(Jun, 2004)

LjUBAV ŽIVI KAO PODSTANAR

Koliko se vidi
Ljubav putuje pod kirijom

Zatvara se u jednu tačku
I suzava vrhove
Misli

Igra se danima kao
Sa šahovskim figurama

Kada dolazi kraj
Onda nema pobednika

Tada

Ne ostaje ništa samo jedna
Druga
Igra

NOĆNA KRALjICA

Ne dohvati te moja ruka
Večeras
Ni oči ne dostižu do
Blizu tvog grada
Kraljice

Imaš nešto u mojoj unutrašnjosti

Ili me uhvatio zao čas
Oči noči sevaju
Pobele nebo puno misli
Do iznad tebe
Nema dolazaka
U carstvu noći
U kojoj se dešavaju čuda
Ne sreću te sene pružanja ruke
Večerašnja noć bez kraljice

ZA ČAŠU MERAKA

Popij čoveče
Tvoju čašu
Crnog vina
Za njen merak

Popij pripito
Ispij
I ne ostavi stihu ni kapi
Koje se piše sam

Ni ovako
Nisi trezan čoveče

(Pariz, jesen 2006)

ZAŠTO MI DRŽIŠ TREN

Sada
Nešto moje je tvoje

Gledam je
I ko zna kuda joj je put

Kuda je vetar nosi
Negde se pojavila kao znak čuđenja
Drugi put
Sama sebe napustila i išla je okolo
Dolaska i odlaska

Sada je
Negde kod mene
Negde kod tebe
Ali gde da je sretnemo između dva zida
Četiri oka

Počela je disati ljutnja
Dolasci bivaju sve kasniji
Zašto držiš moj tren

Sada
Čekam tebe i sebe
Kako da ja to znam
Kada dolaze odlasci mog trena

Početak
Pomalo razmažen
Izlazi iz početne prirode
Potom prelazi sve granice

I nijednu tačku ne ostavlja a da ne obiđe
Uzduž i popreko
Anatema

Često ostavljen žitelj sanja
Centar ima dalje od sebe
Ćošak sasvim na drugoj strani
Početak je kula bez zidova
Temelj bez krova
Tu gde ti počinješ

Pisanje posle ponoći

Na pismu sa crvenim tačkama
Gde datume ispisujem i događanja
Ispljunuh
Veliku reč sloboda
I ponovo se probudih
Iz lošeg sna
Ponovo pisah pismo
Mojoj ludoj samoći
Zbogom od mene
Domovino

Napretek vremena imah
Do sutra
Eh koliko je duga
Noć pisama

Zbogom samoćo
Sa olovkom i bez ikakve ideje
Srećem se s tobom
Gde nema ni da pisne
Niti se sada razumemo

Ali neka
Šta jezik duše
Čežnju Dardanije
Uzimaš mi i
Stupaš u moj stih
I osećaš se umetničkim

Dakle zbogom

Ostalo mi je još vremena
Do sutra
Ljubavi nauči me kako da volim

Jurio sam
Dan i noć po godinama i dekadama
Mog života

I mnogo sam se igrao sa njom
I često me varalo
Sasvim kasno negde
Saznao sam to ali ne mari

Meseče
Sad mi je nešto palo napamet
I ja se merim sa samim sobom
Imam jedno pitanje da ti uputim
Ljubavi
Nauči me kako da ljubim
Jer smatram da nije kasno
Kažu da nikada nije kasno
Ali ja više ovom ne verujem
Verujem tebi kao dete bajci

Nauči me

Kako se voli
A ne da se zaljubim

I majka me naučila kako da hodam
Ali ceo život mi prolazi trčeći
Jureći
Dok sam porastao
Da se vratim iz šuma
Eh koliki je put do tebe večeras
Nauči me sada pošteno ljubavi
Koliko da volim

U modi je
Uzeti nekakav tanak veo

I oči okretati okolo
Negde malo
I negde više potom
Namirisati cveće čovečnosti
Ženo
Sasvim bez ikakvog rasporeda
Ljubavi

Nauči me kada treba voleti

Svi su ustali
I svako
Meri prema svom uglu

Vole samo oni koji su primitivni i vreme
Gazi ih
Voleti je kao napiti se rakijom
I šta drugo ne kažu
Ljubavi

Nauči me kako da volim

Umesto odgovora
Na vidiku beše putovanje
Sve uzimaju sa sobom
Odlaske dolaske čekanja nečekanja

A ti
Sanjala si više
Pesme o ljubavi

Dogodilo se
Da svi pravci imaju jedan put
Zajednički

A ti ponovno nisi pokvarila volju snu
Što tražiš sada od jave

Potom
Jučerašnjica
Postaje prekjučerašnjnica
Sutrašnjica danas

Ti si jučerašnjica popodne
Verujem da ovo znaš

Setih se
Beše davno putovanje
Odlasci i dolasci čekanja
Jučerašnjice
Današnjice
Sve moje uzela je sa sobom
I ulagala je daleko od mene
Daleko od tebe

Jedno ništa čega sam se
Uvek bojao

A danas
Danas je vrlo kasno

(Brisel, 15. novembar 2007)

DOĆI ĆE JEDAN DOLAZAK

Igra ima više pravila
Od teorije posedovanja
I stih poezije

Jeste složeniji nego obično
Noću kada treba tama

Putujem avionom misli
Na svakom mestu ostavljam po jedan minut
Moj i tvoj minut

Kod vrata srca
Jedna zima reči
Čeka proleće

Jer
Moj dolazak
Ima da ti stigne sve dolaske
Ima da te raduje prekomerno

(Bukurešt, april 2008)

PROTEST

Presahnuli smo i poslednje sate
Ovom danu
Svugde gde me vodila misao korak po korak

Ali ti si zakasnio
Dok se reč meri iza tvoje sene
Video sam na zidnom satu
Nedelja predala komandu
Narednoj nedelji

Činilo mi se
Nekoliko minuta kao da mi kliznu iz prstiju
Ruke
I srce ti otvori vrata
Od onog koraka što ga nisi učinio nikada

Gde su krivice
Koje su ti se vezale noge
Dok vreme meša sećanja

Zašto me ti stih upravo večeras uznemiravaš
Kada su mi domovina i devojka
Daleko i sebe imam daleko vrlo daleko

Došla mi je reč koju nikada ne izustim
Koliko vrh Mont Everesta leti uzdiže gnev
I ti prijateljice nastavi da spavaš daleko
Od mene

Obično
Noću su najdalje
Prelaziš sve moje granice

I ja
Samo ćutim i igram
Sa danima

(London, 20. maj)

NEGDE VANI

Ego duše jedne ličnosti
Ili zabava velikih razmera

Odlučio sam
Kako se kaže
Da pređem duge puteve
Do vrata duše
Tvoje

A ti ako želiš
Pravi mi konak

Ako me shvati suša tvog
Vrućeg leta
Otvori malo prozor srca

Da uđe malo svežine
Ako želiš da mi praviš malo mesta
Učini to
A ne samo da bih sklonio glavu

Na ogledalu očiju
Čini mi se da sam nebeska zvezda
Tvojih misli
Možda
Događa se kao što kažu
Duh ulazi iglenom rupicom
Ako smatraš potrebnim zatvori kapiju
Duše

Crvenim slovima napiši
Ime moje i stavi na kapiji

Srca tvog
Tada će se znati da ta kula
Ima gospodara

PAUZA KOD NULTE TAČKE

Nedeljom slavim
Kucnem dve misli kao dve čaše
Jednu za tebe a drugu za mene

Prelazi i vraća se natrag ljutnja
Mojim nedeljama
Sa po jednom četvrtinom sećanja

Tek da bi znao igru kucanja
Alarmira me vreme
Posle dvanaest sati

Za jedan trenutak sa tobom
A koliko nedelja je prošlo

Brojim samo nedelje
Od nedelje
Tvog pojavljuju se hiljadu i jedna misao
U tvom pravcu
Ti si sada daleko

Radujem se nedeljama
Čitam moju volju sa tvojim slovima
Koje tog dana pomalo od tebe uzimam

Kada ću na ruke imati
Ključ srca

Otvoriću vrata vremena i ja i ti
Postaćemo zajedno
Ponedeljak

ZAPAZIH MISAO

Sakupih reči duše
U jednoj ručnoj torbi

I ostavih ih nasamo
Ostavite me sada na miru

Neki
Došli su iza moje sene
Druge
Stigoše ranije
Mene
Kod moje postelje gde spavaju i one

Izbrojio sam sve odlaske
Dolaske takođe

Sa pažnjom ih uporedio
Hoćete me sada odvesti ili dovesti sada
Kakav vam je red

Zapazih misli
Posedele su po kosi za jedan dan
I dolaze zajedno sa snom
U susretu s devojkom
Zbogom dušo za večeras
Uši zatvorio sam očima
Spavam

REČ PRELAZI U ĆUTNjU

Juče sam naučio
Kako se ćuti
Govori malo
Naduvao sam duha ljutnje

Pokidanim zonama
Tvojim očima
Odavno sam dolazio
Od tebe
Da ti govorim ćuteći
Da ti pričam
O tebi
I o sebi
Juče dvoumio sam se
Da ti kažem
Da si
Hleb reči
Voda reči
Ja za tebe
Najopevanija pesma
Od davnina

Juče sam hteo ćutati
Da malo govorim
Da budem sena
Da ti pokrijem svetlo sunca
Hteo sam
Preskočiti događanja
Celog čovečanstva

Juče video sam
Kako mogu

Snalaziti se
Više od tebe
Ranije ili kasnije
Juče
Trudio sam se
Da se najviše radujem

(Priština, maj 2005)

TRENUTAK

Da sam kiša
Večeras
Sasvim slučajno bi
Kapala
Na lice
Kap koja teče polako
Pogled ispred tebe
Šta ćeš učiniti času
Ja se ponovno udaljavam tajno
Ti misliš za drugi trenutak

KADENCA

Rekoh sam sebi
Prekinute niti sage
Dobro je
Da ih držimo za ruke

Dobromisleća
Koja uvek stoji sama
Odmaraj se ponekad kod ognjišta
Nikada nisi bila kao danas

Koliko da otvoriš i zatvoriš oči
Jedna reč
Izrasla na zemlji jezika
I odrasla do neba

Pustila korenje do crnog bika
Današnjica brine se o sutrašnjici

Iza druge zemlje i vode
Jedan stih pesnika
Zajedno sa njegovim gromom

Zdravo
Videćemo se
Jednog dana između bregova

(Brisel, 27. 02. 2007)

NjENI RITOVI

Na kraju krajeva
Jeste jedan drugi početak
I nemaš gde ići pod ćutnjom

Nijedan put ne vodi me do tebe
Ranije nego danas
Zalazila je zvezda moja

I što se više penjem
Tim niže ne vodi magla

Kasnije jednu pravu ljubav
Kada se ne bojiš ni od čega
Nije sramota sanjati
I to znaj prijatelju

Jedna četa stradanja
I jedno profetsko mišlenje
Okolo
Vode me do tebe
Iako se zamotaš u reč tvoju
Napravi mi malo mesta
U poeziji

(Beč, 2006)

RAZGOVOR SA DRUGOM

Pre nego što govorim s njim
Hteo sam da ga pitam o planinama
O potocima koji nabujaše drugim prolećima
Kakvo im je vreme ove godine

Ja daleko a ti blizu

Ohladila se reč
Ne želi da leti bude sa nama

Gde stanuje probušeni kamen od kapi
Ko peva po proplanku

Koliko rano smo krenuli
I kako ne stigosmo još

(Brisel, 20. februar 2007)

DOLAZAK

Pratiše je dovde
Od velikog straha od samoga sebe

Dan i noć
Pratiše njeno marširanje

Uzeše s njom
Sve što beše za dolazak

Odavde i do kraja odlaska
Čeka nas jedno nedolaženje

ODLAZAK

Uzmi sa sobom njeno
Jer naučiće mu puteve

Sve niti kao vetar duva
Kako ne dolazi više

Korak za korakom
Kao da je na vrhu brega

Kod njene glave
Samo jeseni ovde prolaze

Koliko ćutljiv je odlazak ovde
Kako se zatvara odlazak kao samoća

Ko zna da li su
Ispred dolazak i odlazak

LIRIKA

Još uvek čekam mase dolazaka
Ispratim kolone odlazaka
Probudilo se jutro
Našim noćima dalekim

Srećemo se negde dalje od vremena

POSLE UPOZNAVANjA

Pesnik ja
Ti dama i lepotica
Kako nam ne sinuše reči

Šta je s ovim vremenom
Uništava ti san
Moje hronike

Ili te uhvatio zao čas

Reci mi nešto o vatri bez dima
Od sada
Čekaju nas tvoja kafa
I moj stih drhtanja

Jesi li razumela

Ići ćemo na kraj i početak sveta
Zajedno ćemo učiniti
Više nego što pretpostavljaš
Ovo je već znano

(Pariz, kraj septembra 2006)

JEDAN PONEDELjAK

Dva glasa tačke
Ranog jutra
U sobi

I misli koja prelaze
Događaje

Da te nazovem sada
Ona dama probuđenog sna
Ćuti ako možeš

Tri tačke žutnje
Prvih časova ponedeljka
I njegova daljina koja se ne prelazi

Buđenjem njena poruka sada
Napisana od ruke gospođe
Jedan korak bliže

UMESTO REČI

Do kada pod senom
Telo tvoje ćutnje
Došla si sama tragovima vetra

Do kada sa poljima
Puno ničega

Sreli smo se slučajno
Sve je otišlo suprotnim krajevima
Do kada da skrivamo od samoga sebe
Ono što ne znamo
Došla i otišla jedna misao
Umesto reči

(Auderhgham, 9. mart 2007)

MALO POVESTI

Došlo jednog dana jedno vreme
Koliko zbunjeno toliko i radosno

Niko mu ne zna ni dobro ni loše

Same sebe nismo našli
Niti smo ga videli niti ga sreli
Ni čežnju ne imadosmo za nju

Sve nam daje po malo
Bez straha
Malo hrabrosti
Ljutnju i radost takođe
Sve po malo

Da nas ubedi šta je sloboda
I šta je šta
Nađe se jedan veliki vrag
Optimizam
Da održi u neizvesnosti svoje stvari
I da pamti vreme
Kaplje nas sa crvenilom i ote

Sve ono što da nije došlo
Ostao nam je dužan

(Peć, juni 2000)

NAŠ DOLAZAK

Mom snu
I tvojoj javi
Domovino
Ne zna se

Našoj galami
Ni tvojoj ćutnji
Ne veruje se

Mojoj sutrašnjici
Kao i tvojoj prekosutrašnjici
Bojim se

ESEJ O REČIMA

Negde između tame i svetla
Nekome je žao reči
Ispred pesme

Ono što kvari sve i što hvata san

Negde drugde
Pesnik i antireč
Što ne može predstaviti razmere
Sa četiri

A kod izvora prelazi se zajedno

Arena nedorečene reči
Zabrazdi početak dalje
I ćuti
Ćuti
Ne videvši igru sa scenarijem

KODEKS

Ni svetla kao mesec
Ni mudra kao tvrđava
Kažu
Silazila je izdaleka
Najveća enigma

Još uvek nije joj se pronašao kod

Porasti i budi seda
Lepo u mom stihu
Jedina varijanta bez rivala

U zimu sa tankim nitima

Govori se jezikom antikoda
Ovako se sanja
Promiče
S malo soli ljubavi
Jer mnogo im nisu davali nikome
Ali današnja pisanja
Jesu njihove dobi
Naša zima
Poludeli kodeks

IGRA

Ako večeras ne možemo zajedno spavati
Kako da se osvežim sutra pod tvojom senom

Već ima dana što žure vremena
Ili da mene preskoče
Ili da tebe uhvate

Ne dotakne se nebo rukom
Bez tvog imena nema smisla
Idi koliko god hoćeš
Jer se ne ide
Igra sa žutim efektima

DUH

Razmažen bio sam sinoć
Sanjao sam te
Najlepšu od svih noći
Do gde može gaziti ljudska noga

Uvek kada zamrači polazili su u san
Hteo sam da budem
Belina koja zamotava telo
Jeseni vezuje obe noge
Lepoto najlepša na svetu

Ne pomažu ni najrečitije reči
Razmažene
Zašto ne postaješ veća
Od vetra duha
Duvati prema nebu mom

PARADOKS

Ukoliko želiš
Beži iz moje zime
Antisaga koja mi ne poznaje proleće

Kod tebe raste radoznalost
Čekanja što plaši noć
San učiniše jedno čudo
Sanja
O njenoj spavanju sa mnom

Slobodno
Neka kažemo da je otišao
Da ćuti sa morem
Letuje bez najmanje brige
Hej vode njene žeđi

Čuda spustila su se danas na zemlju
Kao kada se dolazi neočekivano
Iznenada
Dovedoše je predamnom

JEDAN SAT SA NjOM

Tvoja proleća sa mojim letima
Kao jug i sever
Rađaju se i zalaze

ANOMALIJA

Hladno biva rečima
Ove godine
I ne znam šta da učinim
Ćutnji

Ima previše vatre
Ćutnja
Ne mogu doći ni do reči

POVERENjE

Vodi me dalje od snage
Moje
Strpljenje kod vrha što susreće sunce
Drži me

Vetar vadi ćutnju koju
Pripitomljuju snagu jutra

Šta da uradimo sebi
Da ne čekamo i da nam dolazi
Potom

Polazi jedan dolazak
Potom mu se čini kasno i ostavlja
Ipak ostajem sam

Evo tačku stavljam rečju
I čekam
Ne znam kada ima vremena

Na taj hram stavljam dva kamena
Zajedno
Jednog za sebe drugog za njega
I nastavlja se čekanje

Kao
Samo da znamo malo igru
Rastali bismo se
Zajedno sa poverenjem

(Auderghem, 22. februar 2007)

AMORFNA

Ništa za sve ili sve za ništa

Preko sebe aman
Kada je reč ostala bez
Duše
Zašto dozvoljava njen gospodar
Enigmu Pegaza svetlosti
Dotaklo ga mesec samoće
Drugim korakom gazi
Sutrašnjicu
Hlebu i vodi nije stalo da im se veruje
Žeđ ni glad
Na polju jedne reči
Domovino
Koliko je napasalo i popilo
Zašto dozvoljava njihov Bog
Na prozorima strpljenja
Koliko ćutnje je udarano

Gadost poludi nas za tebe nostalgijo
Današnjicu za sutra ostavili smo
I mi
Zašto dozvoljava naš bog
Svačemu ne kažem ti ništa
Videćeš kada izlazimo
Na drugoj strani

MADRIGAL

Dozivali su te anđeli iz moje sobe
Reči
U tami kao u madrigali ušli su
Licima prema strani svetla
Okrenuli se

Jedan blagi jecaj
Treba više prazničnih dana
Za slavu

A ostalo da se kaže da
Ceremoniju
Možemo izvršiti kada želimo
Ja i ti i tama
Svatovi zvezde na nebu
Dva puta znala si govoriti
Najlepše
I duh se saglasio u tim trenucima

Kada budeš došla
Povratak noću jer
Put ima svoja čuda

I drugo
Usta niti duša ne opraštaju
Ali ti ne rekoh
Pesmu duše moje
Govori sada ti pesniče
Čoveče
Pričaj mi o umetniku
Čoveče
Govori mi o umetniku

Gde te mozak ima
Nemoj
Vodili su te preko sebe

Najsigurnija ćutnja na svetu
Ne jamči ti
Mir

Putevima su zavezali noge
Sve je počelo da se povećava
Samo nešto da se smanjuje
Prijateljici
Pesniku i stihu po jedno disanje
Više
Svakom razgovoru po jedan zarez

Kadgod dolazi petak
Moliću se Bogu i nebu
Za našu noć
Drugu

PRVO

I kraljica svih događanja
Čudila se koliko će ostati
Bela sanjanja preko voda

Snagu intuicije zamorio
Uzaludnost
Kod drage nikada se ne ide
Bez jednog komadića motiva
I ni radosti

I Van Gog kada nije imao
Drugo
Nekako nešto je smislio

Čuo sam da kažu
O sebe čuvaj se
Da čuvaš druge
Ljubavi se ne zna koliko i noću
Uvek misteriozna
Što donosi za večeru
Sustigne je tama

Misao mi otišla daleko
I dalje od sna

Još uvek se ne zna šta ima
Podalje od čovečnosti
Ni ćutnje

DRUGO

Mokro je strani
Kuda dolazi sena njegovog tela

Lirici pobelelo kost sene
Dok čekasmo ritove sumraka
Otac
Dok sam bio dete
Naučio mi ime mirisu jednog cveta
Koja kada raste
Niče kao devojka kada se moli za ljubav

U očekivanju neplodne molbe
Stavio sam tačku na ovo pitanje
I prelazim na drugu stranu

Oči i lagana kosa
Jesu blaženstva svetla
Koji su išle uzduž i popreko
U snovima najvatrenije noći
Nema bez snova pesnika

TREĆE

Nemoj me usamiti današnje veče
Nisam za snove
Kuda pada tama jave

U mojim mislima
Kako neotrešenu
Nisi se pomerio
Niti me ostavio van svega
Jesi vetar koji ne duva
Od mene
I biju me oluje
Od noći samo daljine ne beže

Kafa moja nepopijena
Suva čaša rakije
Možda nećete me opiti

UDOVOLjENjE

Nije mi jasno
Da li će govoriti ili ćutati

Lirika kao magija Helene
Igra sa retkim prozorima

Izmišljotina je drugi susret
Ili ću naučiti više

Krivica jave
Zašto nije sutrašnjica danas

DRAMA

Prvi čin
Možda
Juče činilo ti se mnogo
Kuda se prostire granica između
Ljutnje i radosti

Kako da prečicom prelazimo
Ovaj put
Kuda i kako

Čin drugi
Možda
Sutra bićemo vrlo malo
Izlazi kod česme žeđi
Čekaj
Sve rane dolaske
Ono što neće doći
Uopšte
Jeste moje

Čin treći
I danas niko nije na dužnosti
Kupuj kartu za daleki put

Na svakoj postaji
Pisanja
Naći ćeš po jedan zarez za tebe
Po jedan znak pitanja za mene

ZIMA VELIKOG ODLASKA

Nikada te nisam video
Toliko ćutljivog
Kamen rvoj od zlata
Da ideš dalje od sebe
Preko
Zar nisi našao drugi dan

Kod Brega palih boraca
Dugo ćeš se odmarati
Sanjaj
I moli se za Dardaniju
Tvoju

Zima samoće palo ti je
Među obrve

Veliko nevreme
Sve je došlo sa suzom
Dan odlaska
Mesec žalosti

Ćutljivac onoga što se ne priča
Kolos reči
Kolos reči i jave
Kako si sakupio duhove

U danu
Koji je prevazišao granice
Gorštak
Koliko težine ima reč tvoja

MOJ KOD ZA SUTRA

Kuda su mi
Krenuli sutrašnji dan
Gde jučerašnja senka

Kod nevidljivog kamena
Izgledaju kao sni i jave
Voda i hleb antičovek

Zamorile su se padavine i izvori
Ne teče im se više prema nama

Mojoj jeseni oduzeli su nebo
Nisu mi ostavili nimalo zime
Moja današnjica nije ostala
Niti da biva sutrašnjica

Da li mi netko pronađe
Kod
Moj za sutra

PRUT

Ako nemaš
Vremena
Više
Pokloni mi pet
Minuta
Druženja s tobom
I čini šta god želiš posle

Ako hoćeš idi preko mogućnosti
Ili
Pleši sa teskobnom samoćom

Ja sa tvojim pet minuta
Prelazim doba i godine
Zime i leta
Malo
Pre nego što prelazim granice
Moje
Odmoriće se
Svetlo i tama u
U snovima
Ispruže se po dužini
Večeras prejudiciram

Ono što treba reći
Što treba učiniti

ZA DEVOJČICU

Dok se usamljuje
Reč
Uzmi malo moje
Dan i noć žubore
Za tebe

Moje pesme o
Lišću
Poklanjam ti
Večeras
Blagi pogledi

Mesec moj o prijateljici

Za tvoj u volju
Naučiću se
Da sviram gitaru
Niti trava niti zelenilo
Da ne procveta
Za tebe
Hoću da uđem u proleće

NjEN SAN

Došla i uzela ceo pogled sa četiri
Ona gospođa i hleb stiha
I ostavila mi jednu dilemu
Jeste sama poezija
Ili je reč damska
Kraljica koja menja smisao
Zna i kamen
Dok ne obeli lice
Sunce moje

Traži glas sunca
I takvog me žele
Svaki stih ima vatru

PISMA

Sutra koga da dozivamo

Kuda je duh pokrenuo pisma
Nije se našao jedno pisanje
Od druge
Koliko su proređena

Ima dana
Koji trebaju doći
Jedna crna ptica
Jednim krilom da zauzme pola neba

Kome pripada druga strana

Na dlanu od ruke
Gleda sebe
Koga da zovemo sutra

CRNKI

Crnka jeste
Prvo putovanje

Samo od njegove sjene
Počinje da nikne trava

Reči sa crnkom jesu himna
Otpevana na putu za ljubavi

Pored pogleda njene plave oči
Stavljam na rub misli i odmaram se

Sutra onoj
Samo ja joj nedostajem

INSINUACIJA

Ako ostarim

Ne napisavši još nekoliko stihova ljubavi
Starcem od kamena zovite me
Snaga kamena kazaće ima

Ako ostarim
Ne pevajući ljubavne pesme
U vatri ćutnje
Vatru pravim

Ljubav
Lepota i stihovi zajedno teku

Za tebe i domovinu

NAGOST

Ni s kim ne bih ga menjao
Jezik
Večeras s tobom da
Jedan sat
Dva tri

Dok ne dotaknemo kraj reči
Sve rekao bih ti
Nago
Onako kao prvi poljubac

Ledena si mi u očima

Vatra unutra
Ni s kim ne biz te menjao

BELEŠKA O PESNIKU

Jeton Keljmendi (1978, Peć) pesnik, dramaturg, književni prevodilac, publicista i univerzitetski profesor. Osnovnu i srednju školu završio je u rodnom gradu, studije komunikacije u Prištini, a postdiplomske studije na Univerzitetu u Briselu (Međunarodna politika). Drugi master završio je na diplomatiji, a doktorat iz oblasti politike i međunarodne bezbednosti.

Objavljuje pesme, prozu, drame i eseje. Saradnik je mnogih medija i međunarodnih časopisa iz oblasti kulture i politike. Njegova poezija je prevedena na 25 jezika i zastupljena u brojnim međunarodnim antologijama. Najprevođeniji albanski pesnik i dobitnik mnogih književnih nagrada. Trenutno živi i radi u Briselu.

Objavljene knjige:

- *Vek obećanja* (1999, poezija),
- *Preko ćutnje* (2002, poezija),
- *Ako bude podne* (2004, poezija)
- *Pokloni mi malo domovine* (2005, poezija),
- *Gde odlaze dolasci* (2007, poezija),
- *Damska reč* (2007, drama),
- *Došla si tragovima vetra* (2008, poezija),
- *Vreme kada će biti vremena* (2009, poezija),
- *Putovanje mišljenja* (2010, poezija),
- *Loše vreme za znanje* (2012, publicistika),
- *Dozivam zaboravljene stvari* (2013, poezija).

Izdanja na stranim jezicima:
- *Ce mult s-au rărit scrisorile* (2008, antologija),
- *Breath / Fryma*. Indija (2009, poezija),
- *Dame parol*. Francuska, (2011, drama),
- *Comme le commencement est silencieux*.
Francuska (2011, poezija),
- *Пoy pane oi epxomoi*. Grčka (2010, poezija),
- *Wie wollen*. Nemačka (2011, poezija),
- *Nasil sevmeli*. Turska (2011, poezija),
- *A Palavra Evitou o Silêncio*. Brazil (2009, poezija),
- *How to reach yourself*. SAD (2010, poezija),
- *Frau wort*. Nemačka (2012, drama),
- للحذف فواصل . Egipat (2012, poezija),
- *Na verhvï času*. Ukrajina (2012, poezija),
- *V zenite vremeni istlevšego*. Rusija (2013,poezija),
- *Pensamientos del Alma*. Španija (2014, poezija).

Međunarodne nagrade i priznanja:
- *Doctor Honoris Causa*. Ukrajina (2012),
- *Solenzara*. Francuska (2010),
- *Nikolaj Gogolj*. Ukrajina (2013),
- *Aleksandar Veliki*. Grčka (2013),
- *World Poetry*. BiH (2013),
- *Prevodilac godine*. Kina (2013),

- *Ludwig Nobel.* Rusija (2014),
- *Naji Naman.* Liban (2014),
- *Din Mehmeti.* Đakovica (2011),
- *Majka Tereza.* Đakovica (2014).

Član međunarodnih organizacija:
- Asocijacija profesionalnih novinara Evrope (Brisel),
- Akademija nauka i umetnosti Evrope (Pariz),
- Akademija nauka i umetnosti Ukrajine (Kijev),
- PEN centar Belgije (Brisel).

IZVODI IZ KNjIŽEVNE KRITIKE

„Jeton Keljmendi je jedan izvrstan izumitelj pesama, jer nas iznenađuje neobičnom sposobnošću i upotrebom simbola, koji čine imaginaciju bogatijom, a metaforiku znatno originalnijom i složenijom. To umeće svakako pripada isključivo stvaraocima s velikim talentom."

Akademik Athanase Vantchev de Thracy
(Francuska)

„Keljmendi nas vodi u dvadeset i prvi vek osobenim glasom, koji postepeno postaje sve veći i jači. Njegove reči zvuče dobro na maternjem, ali i drugim jezicima (njih 22) na koje je do sada uspešno prevođen, što dovoljno svedoči o umetničkim vrednostima kojima raspolaže."

Christopher Lawrence (Engleska)

„Keljmendi je izvrstan čarobnjak reči i tvorac jedinstvenog umetničkog mišljenja."

dr Richard A. Brosio (SAD)

„Jeton Keljmendi u svojoj zbirci pesama predstavio je ljudsko iskustvo jednom vizijom ekzistencijalnog sveta odvojenog u tri glavne idejno-motivske okosnice: vreme, reč i mišljenje, a zatim – domovina , ljubav i san."

dr Sherif Algayar (Egipat)

„Ovaj pesnik zatvara sve u svoju unutrašnjost i na taj način čuva sve od zaborava, jer prema njegovim gledištima i doživljajima, zaborav dolazi spolja, a ne iznutra."

Heba Essam (Egipat)

„Kada čitate poeziju Jetona Keljmendija treba vam neka posebna pažnja da bismo njega shvatili, s obzirom na to da se radi o jednom velikom majstoru, odnosno jednom od najpoznatijih evropskih pesnika današnjice.“

Rasem Al-Madhoon (Sirija)

„Duboko lirska i nadahnuta, poezija Jetona Keljmendija pokušava da ovaploti nesvakidašnji modernistički diskurs, iskazan kroz viziju novog vremena i aktuelni životni kontekst.“

Dr Dmitro Tčustiak (Ukrajina)

„Polazeći od neobične estetske osećajnosti i postajući jedna lirska duša obogaćena rafiniranim emocijama, iskazanim kroz studije, meditiranje i čitanje, poezija ovog pesnika čini nam se kao jedno zaokruženo pevanje, čija se pesnička muzikalnost i sadržaj ispoljavaju postojanom formulom posebnog umetničkog rafinmana.“

Monica Mureşan (Rumunija)

„Ovde je reč o modernom lirskom pesniku, koji te neprimetno uvlači u svoj umetnički svet i pruža ti zadovoljstvo kad ga čitaš.“

Taner Güčlutürk

„Pesništvo Jetona Keljmendija je svojevrsna i senzibilna poezija okrenuta prema najintimnijim ljudskim odnosima u istoj meri, kao i prema onim sublimiranim i dramatičnim.“

Dr Irena Gjoni

„Lepota poezije Jetona Keljmendija nalazi se unutar neobičnih leksičkih spojeva i obrta. Stilske nijanse i značenja nisu samo sakriveni u kombinaciji reči i slika, već su integrisane u unutrašnjosti samih simbola, kao neobični sintaksički i figurativni izumi. Keljmendijeva muza doziva nas ne samo u ime poezije, već iznad svega u ime ljudskih vrednosti, te spoja života i smrti."

Albert Nikola

„Uzimajući u obzir liriku Jetona Keljmendija, već na prvi pogled vide se nekoliko pesničkih figura, koje se vezuju uz muziku i zvučnu funkciju poezije uopšte."

Fatmir Terziu

„Poeziju Keljmendija karakteriše specifična percepcija lepog, pod čijim se supstratom nalazi zapravo percepcija njenih mnogobrojnih manifestacija i kategorija."

Mr Ndue Ukaj

POGOVOR

Ne znam da li je Jeton Keljmendi čitao velikog pesnika Paula Celana. Iako jeste, mogao je da nauči ogoljenost reči, kako to čini Celan, vajajući svaku kao more oblutak. Taj neumorni rad mora, to vajanje oblutaka, u poeziji Jetona Keljmendija je vajanje reči, reči izniklih na zemlji jezika, kako on to kaže u jednoj pesmi. A ako nije čitao Paula Celana, sam je osetio čistotu poezije, nevinost reči, njenu magiju i sakralnost.

Jeton Keljmendi kroz svoje pesme – oblutke, vodi dijalog sa životom, sa smrću, sa prolaznošću, sa divnom damom, nepoznatom, neznankom, o kojoj je pevao veliki ruski pesnik Aleksandar Blok.

Keljmendi govori o svojoj zemlji, svojoj domovini, i sve to čini kroz škrti šturi dijalog, nabijen smislom, idući za onom maksimom da je jezik zvučna domovina. Ova poezija je u svemu autentična, slična i bliska pevanjima velikih pesnika, a svoja je, Jetonova i jetonovska, iznikla iz srca jednog kosovskog pesnika, iz srca kosovske zemlje, iz njenih ravnica i planina.

Iz tragike kosovske, iz cveta niklog iz te tragike...

Pisana u raznim zemljama i gradovima, s datumima koji daju nastanku pesme vremensku odrednicu, što je važn beleg u bezvremenosti ove poezije, u doticaju sa ambijentima svoje zemlje, sa kojom, iako negde daleko u svetu, nikada ne prekida niti, pa makar to bile niti sećanja. Kroz sećanje, on se vraća sebi i kosovskoj zemlji, osluškujući jezik te zemlje, koji se artikuliše u veliku poeziju.

Idući stopama i za autentičnim glasovima Dina Mehmetija, Ali Podrimje, Azema Škreljija, Keljmendi nadopunjuje njihovo pevanje svojim autentičnim pesničkim

122

i ljudskim glasom.
    Jeton Keljmendi, usuđujem se reći, veliki je pesnik! Poezija koju sam čitao, a naslućujući onu koju će još napisati, daju mi pravo da to kažem.

Ni sa kim ne bih menjao
Jezik
Dok ne dotaknem kraj reči

Sve rekao bih ti
Ogoljeno,
Kao prvi poljubac

Vatra unutra
Ogoljeno
Ni sa kim te ne bih menjao

    Imao u ovoj poeziji nijansi i sažimanja kojima bi pozavidio i Vasko Popa. Radostan sam, što uz ovu poeziju mogu da ispišem i nekoliko svojih reči, a ako bi me pitao Jeton – kako da naslovim ovu knjigu, reko bih mu bespogovorno: OGOLjENE REČI.

Miraš Martinović

SADRŽAJ

Umorila se reč
Dolaze divlja ćutanja
Vreme nema vremena
Zazidani san
Gde da stavimo zabranu vremenu
Moja snaga
Korenu na srcu
Kruja
Pretvori se kamen u reč
Kod dugih plandišta
Ilirska
Za hrabrost
Damska reč
Pod senkom uspomene
Ljubav živi kao podstanar
Noćna kraljica
Za čašu meraka
Zašto mi držiš tren
Doći će jedan dolazak
Protest
Negde vani
Pauza kod nulte tačke
Zapazih misao
Reč prelazi u ćutnju
Trenutak
Kadenca
Njeni ritovi
Razgovor sa drugom
Dolazak
Odlazak
Lirika
Posle upoznavanja
Jedan ponedeljak
Umesto reči

Jeton Keljmendi
DIVLjA ĆUTANjA
1. izdanje

Izdavač:
„Alma", Beograd
www. alma.rs

Za izdavača:
dr Đorđe Otašević

Recenzent:
dr Milutin Đuričković

Prevod s albanskog:
Smajl Smaka

Naslovna strana:
Dejana Jovanović

Štampa:
„Presing", Mladenovac

Tiraž:
200

ISBN 978-86-7974-571-2

CIP – Katalogizacija u publikaciji
Narodna biblioteka Srbije, Beograd

UDK   821.18(497.115)-1
821.18.09-1 Keljmendi J.

COBISS.SR-ID 262767884